Welcher Ball gehört welchem Elefanten?
Der größte Elefant bekommt den größten Ball.

Verbinde die Gruppen mit derselben Anzahl von Tieren.

Male den Schmetterlingen schöne Muster.

Wer fährt in diesen Autos?
Male die Fahrgäste hinein!

Kannst du Flammen auf die Seite des Autos malen?

Male dein eigenes Traumauto!

Male ein cooles Muster auf das Rennauto.

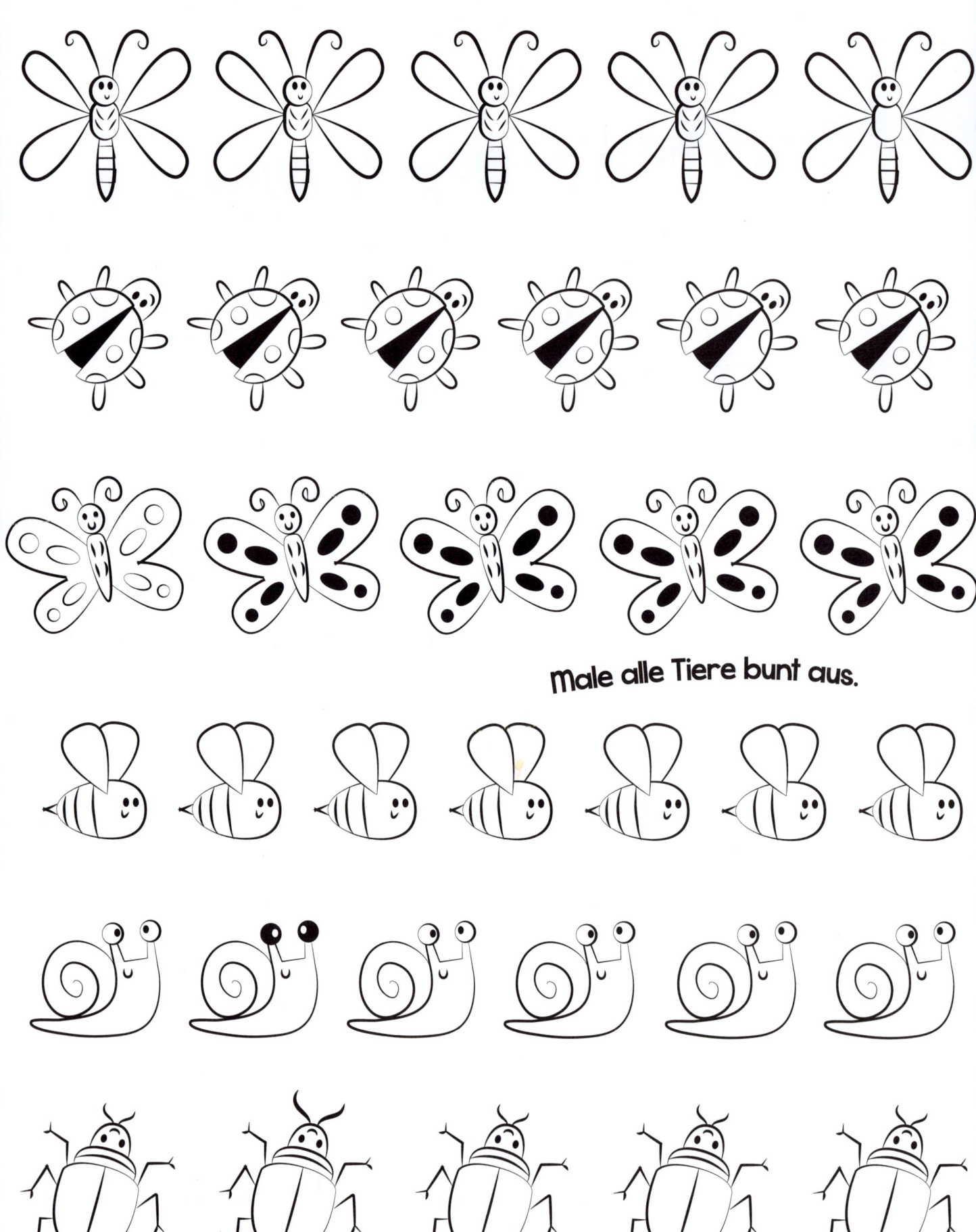

Bringe diese Schüsseln in die richtige Reihenfolge. Die vollste Schüssel bekommt die Nummer 1, die leerste die Nummer 6.

Schreibe die Nummer des passenden Puzzleteils in die richtige Lücke.

Schau dir die Zahl in jeder Reihe an und male genauso viele Kleidungsstücke aus.

3

2

4

1

Folge den gestrichelten Linien, um herauszufinden, was jedes Huhn träumt.

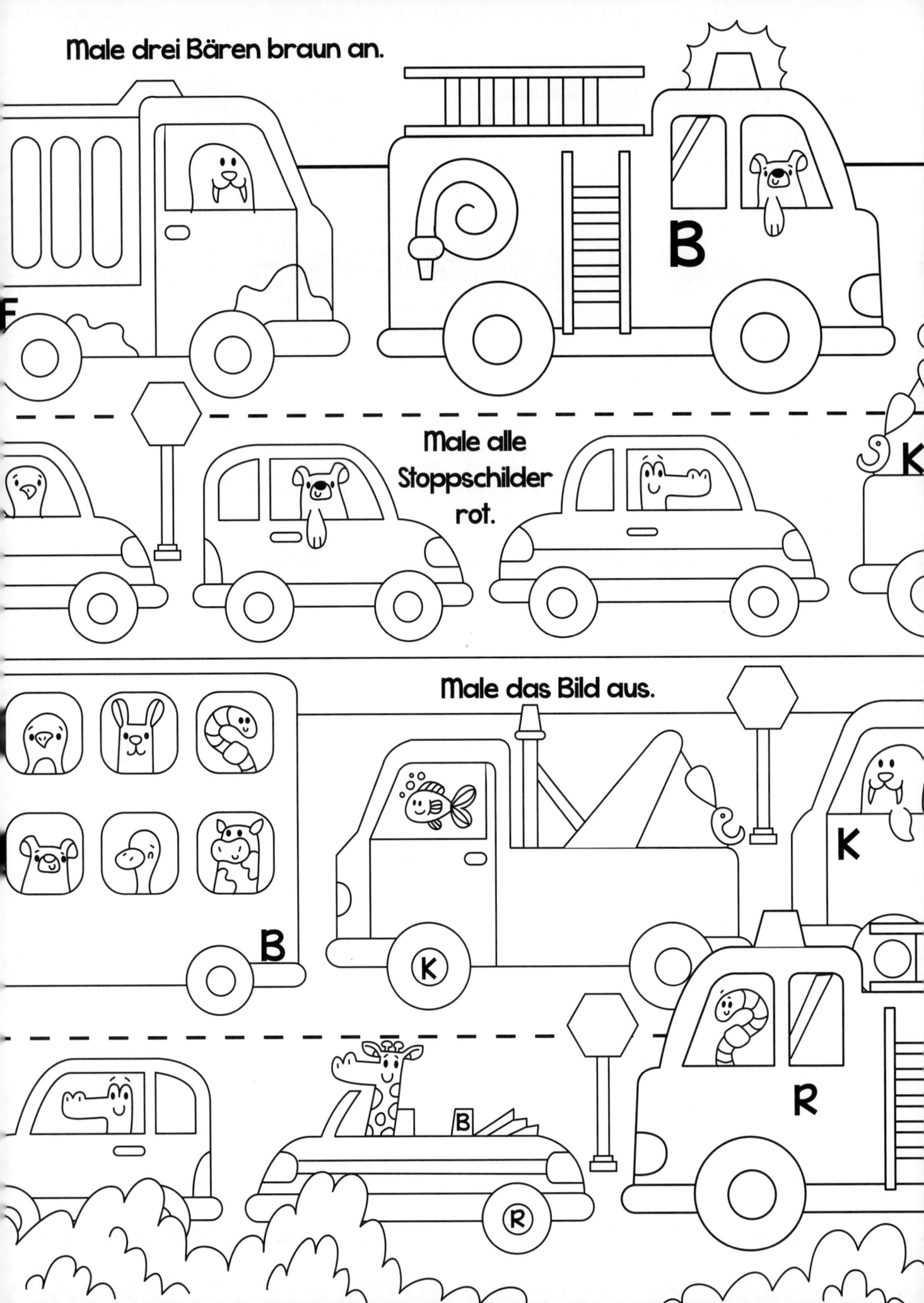

Wie viele von diesen Buchstaben kannst du zählen?

F ... R ...
K ... B ...

In welchem Fahrzeug sitzen die meisten Fahrgäste? Kreise es ein.

Hilf dem Schwan, an den Zahlen von 1 bis 10 entlang den Teich zu überqueren!

Wie viele Bienen kannst du zählen?

Im Wasser sollen genauso viele Fische schwimmen wie Frösche. Male sie dazu.

Ziehe einen Kreis um die Raupe mit den meisten Beinen.

Zeichne jedes Gebäude noch einmal daneben.

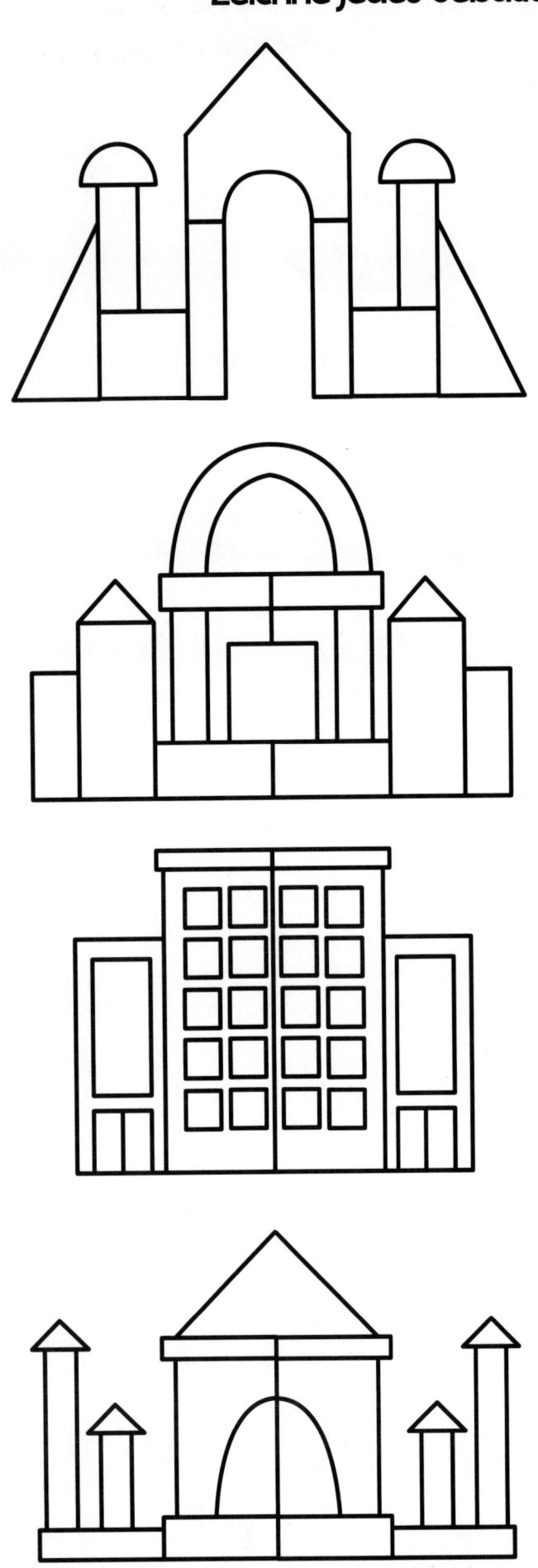

Was gehört nicht in die einzelnen Reihen?

Male nur die Buchstaben aus, die in deinem Namen vorkommen, und schreibe deinen Namen auf die beiden Linien.

Verbinde jeden Sportler mit dem passenden Sportgerät.

Was gehört in den Kühlschrank?
Male es grün aus.

Was gehört in den Küchenschrank?
Male es gelb aus.

A B C D E F G H

Male das Bild in den Farben der Buchstaben aus.

Zeichne noch drei Schlangen.

Bringe die Mütter zu ihren Tierkindern.

Wie viele Schmetterlinge siehst du?

Sortiere die Blumen in Vierergruppen.

Sophie frühstückt jeden Tag zehn verschiedene Früchte oder Gemüse. Wie viele fehlen jeweils noch?

Zeichne das Schalmuster weiter und male es dann bunt aus.

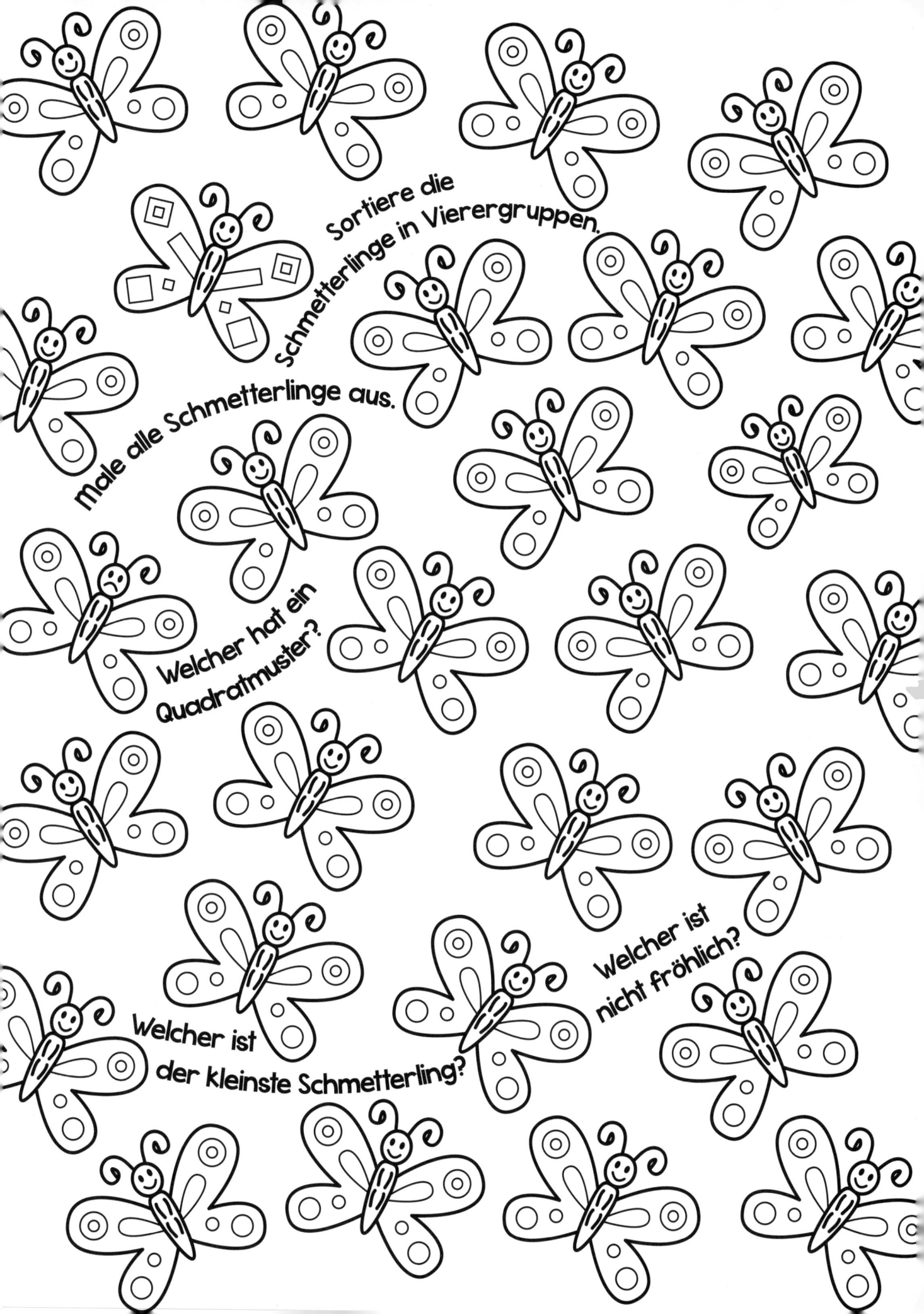

Sortiere die Schmetterlinge in Vierergruppen.

Male alle Schmetterlinge aus.

Welcher hat ein Quadratmuster?

Welcher ist der kleinste Schmetterling?

Welcher ist nicht fröhlich?

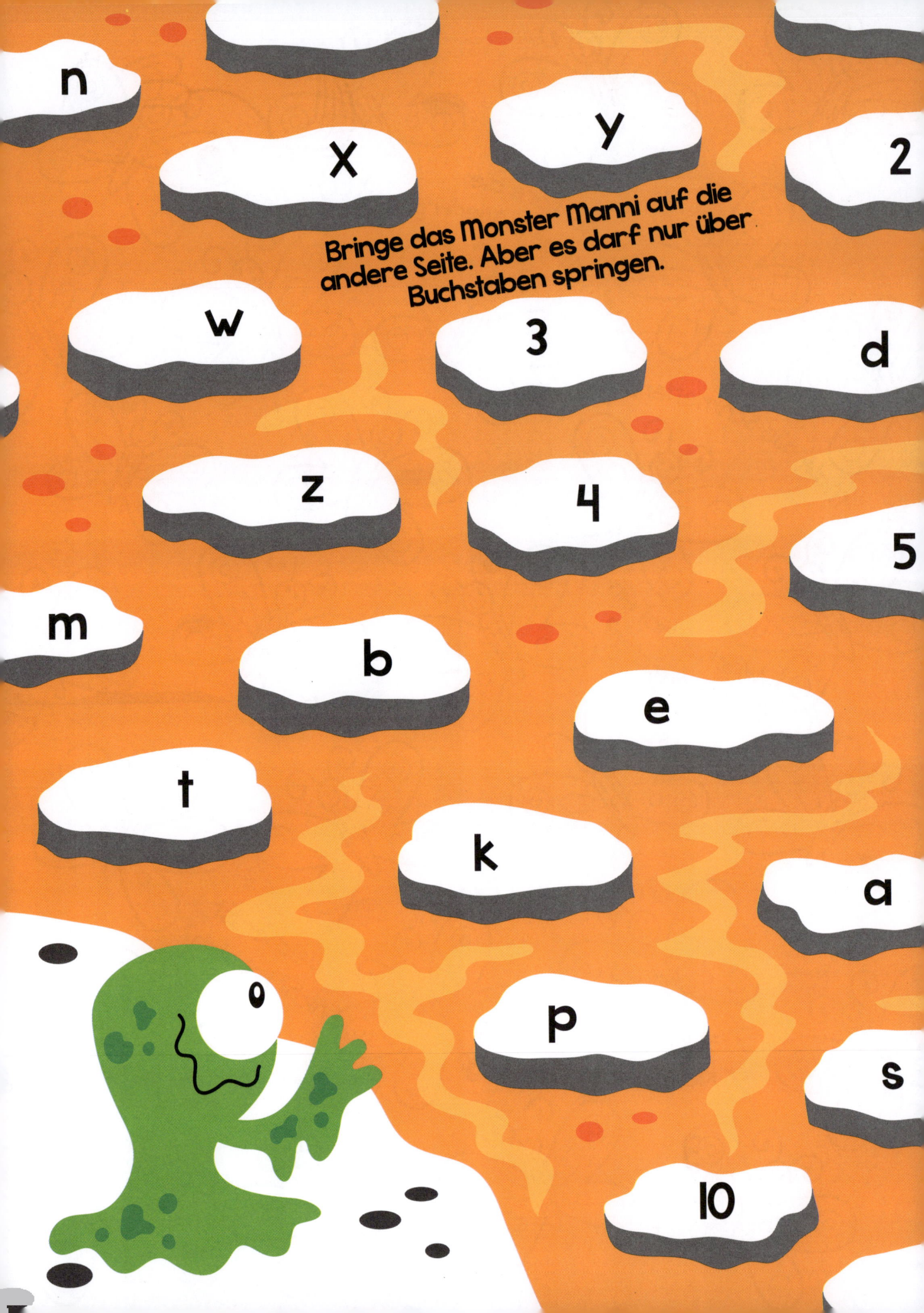

Bringe das Monster Manni auf die andere Seite. Aber es darf nur über Buchstaben springen.

n x y 2
w 3 d
z 4 5
m b e
t k a
o p s
10

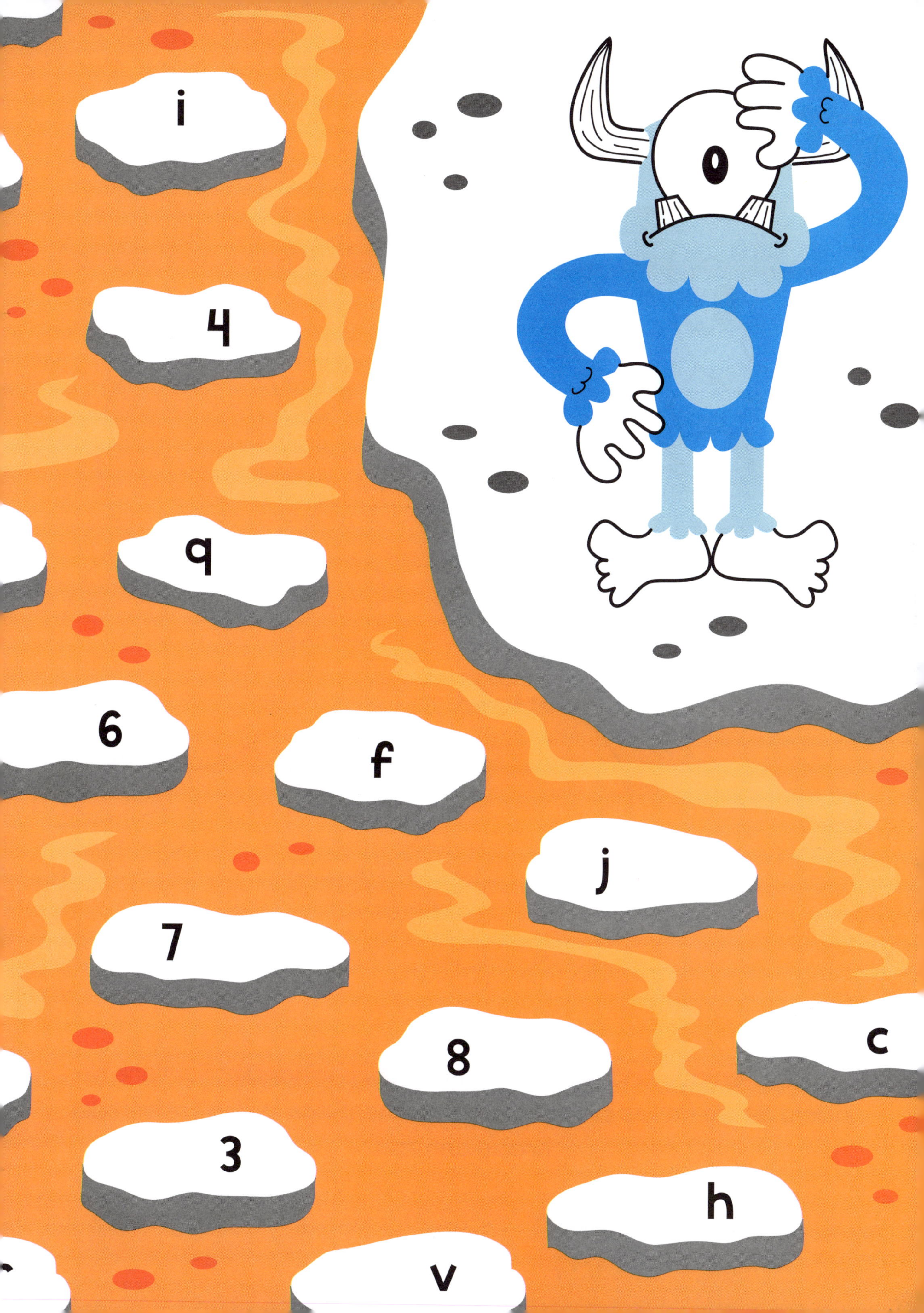
i
4
q
6
f
j
7
8
c
3
h
v

START

Die Wochentage sind hier vollkommen durcheinander. Sortiere sie, indem du die Raupe in der richtigen Reihenfolge in den Farben der Kreise anmalst.

| Samstag | Donnerstag | Sonntag | Dienstag | Mittwoch | Montag | Freitag |

Welche zwei Bilder gehören zusammen? Verbinde sie.

Male alle Dreiecke rot, alle Quadrate blau und alle Kreise gelb aus.

Male grün, was in den Frühling gehört, gelb, was in den Sommer gehört, orange, was in den Herbst gehört und blau, was in den Winter gehört.

Male die Muster fertig.

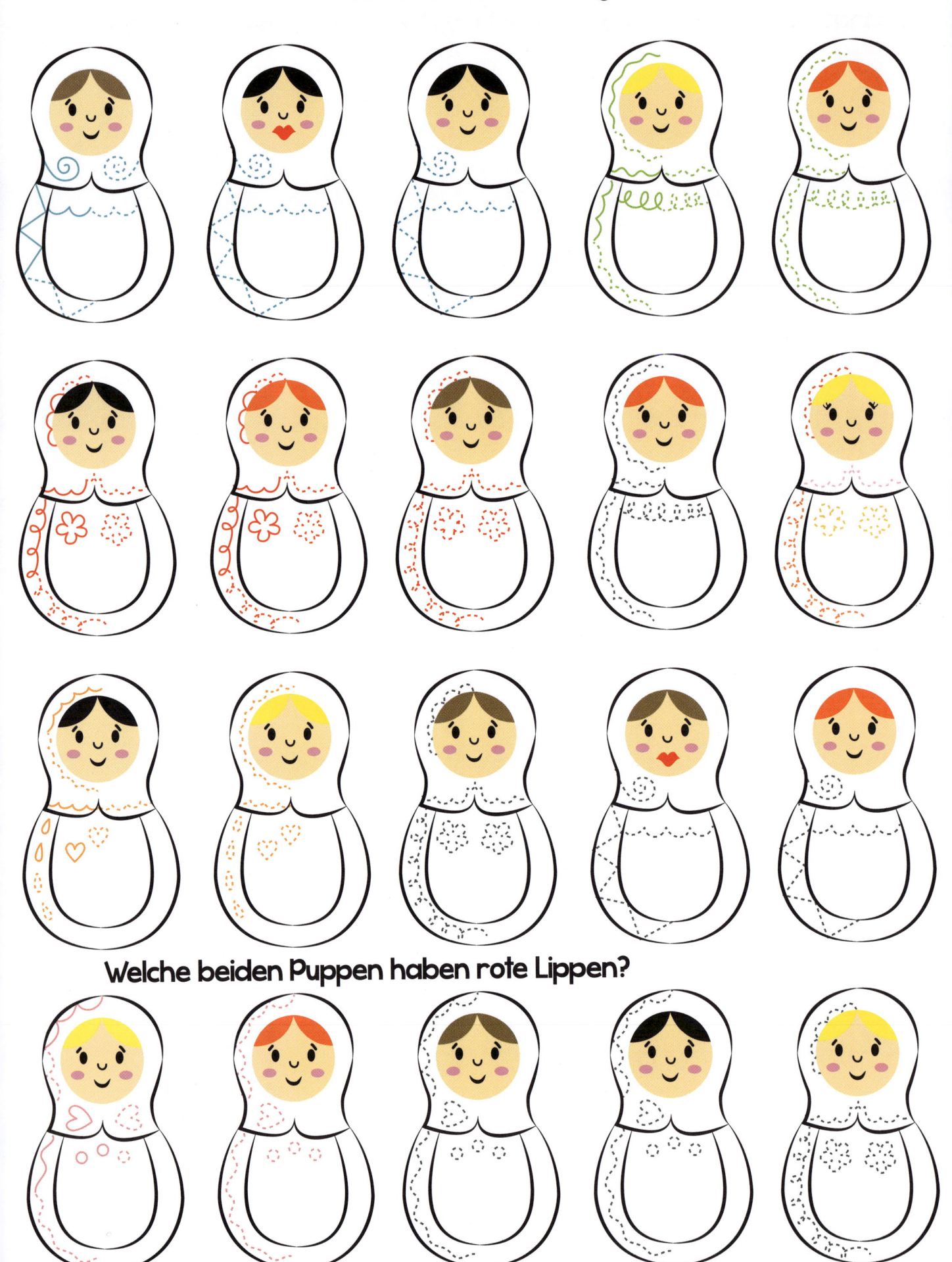

Welche beiden Puppen haben rote Lippen?

Ziehe die gestrichelten Linien nach und male den Vögeln schöne Muster.

Kannst du die Muster fertig malen und den Tieren schöne Farben geben?

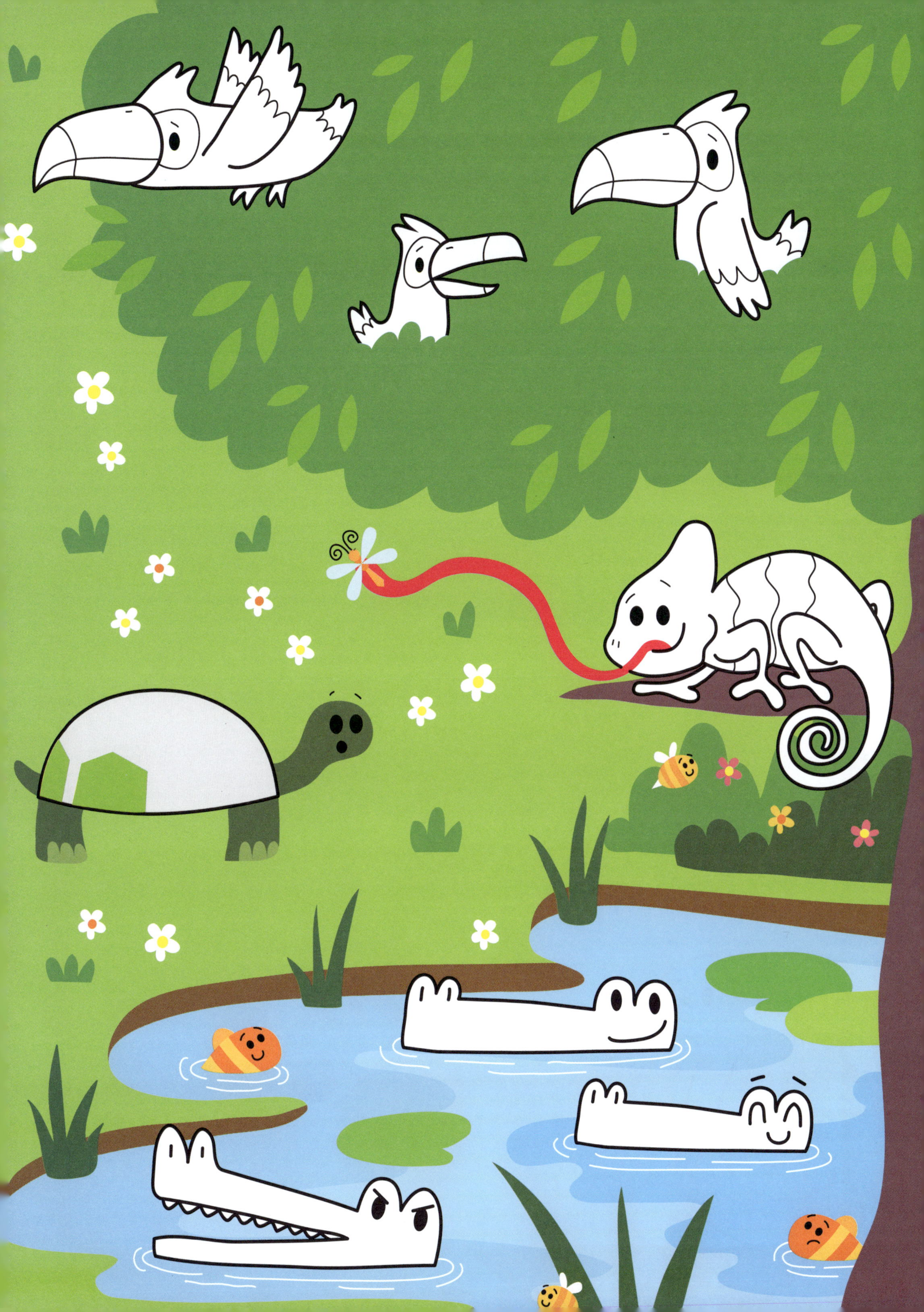

Zeichne hier ein Familienbild.

Male alle Gegenstände mit einem M im Namen aus.

Welche Buchstaben gibt es zweimal? Male diese Bücher aus.

S   J

A T X C L H D X

G W B F m A E Q

p U K V Z n

I R Y J O

Welche Dinge außerhalb der Wolken gehören in welche Gruppe? Male sie in der Farbe der passenden Wolke aus.

Male alle Dreiecke rot, alle Rechtecke braun und alle Kreise gelb an.

Kreise alles ein, wovor du dich fürchtest.

Findest du diese Dinge auf dem Bild?

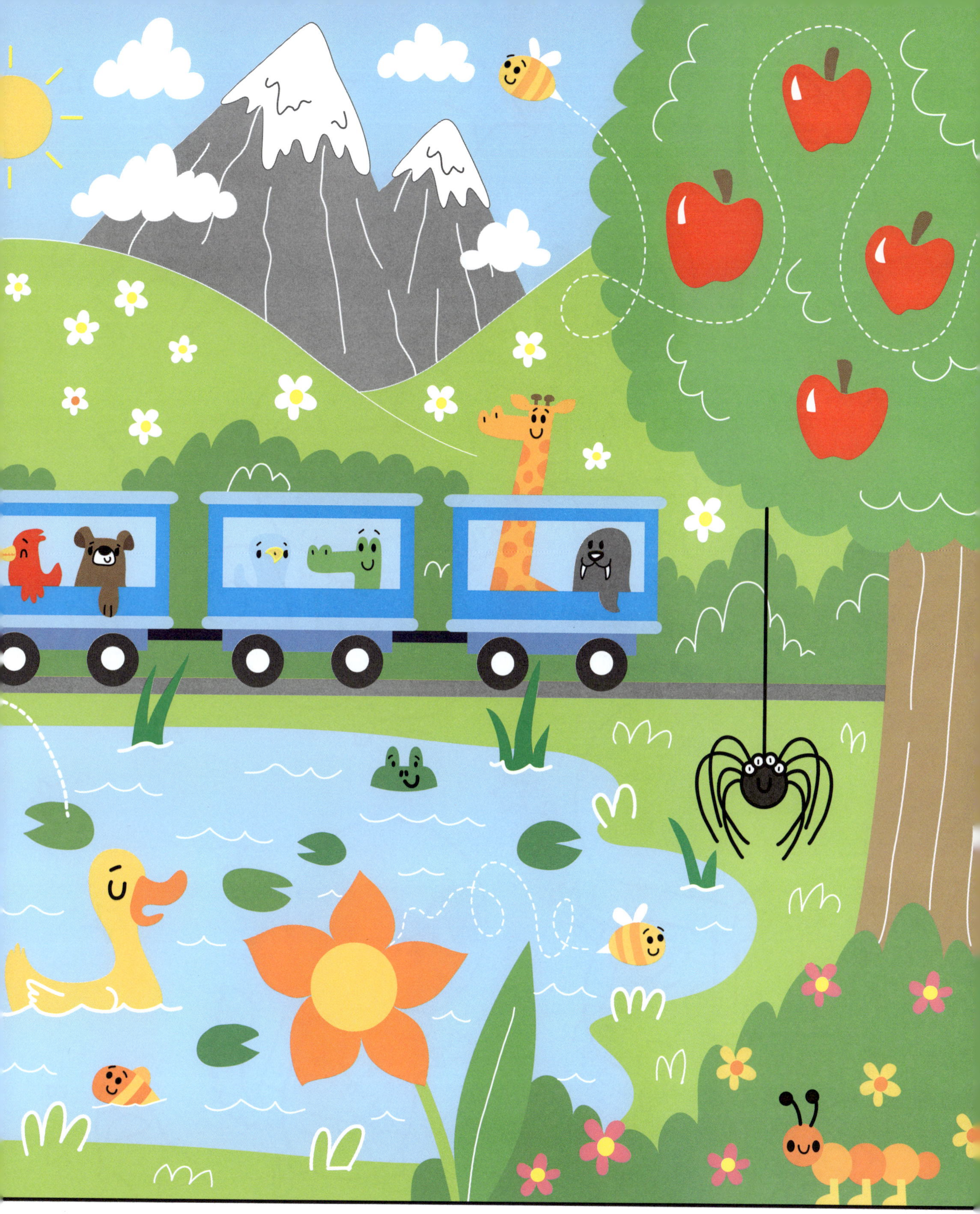

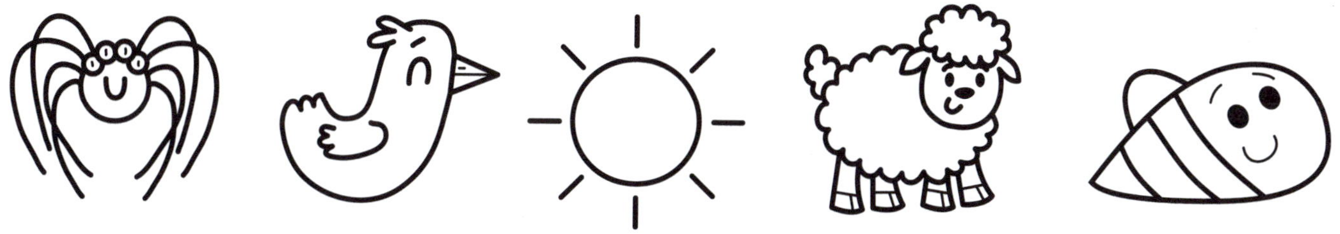

Vergleiche die Buchstaben und verbinde jeden Astronauten mit seinem eigenen Raumschiff.

NEIL

LAIKA

ALAN

BUZZ

Was ist falsch an diesen Bildtexten?

Die Katze fürchtet sich nicht vor dem Löwen. Sie ist größer als er.

Heute ist ein sonniger Tag. Wir brauchen keine Schirme.

Wir sitzen gerne tagsüber am Feuer. Es ist so gemütlich hier im Schnee.

Das Nilpferd schwimmt im Fluss. Jetzt ist es wieder sauber.

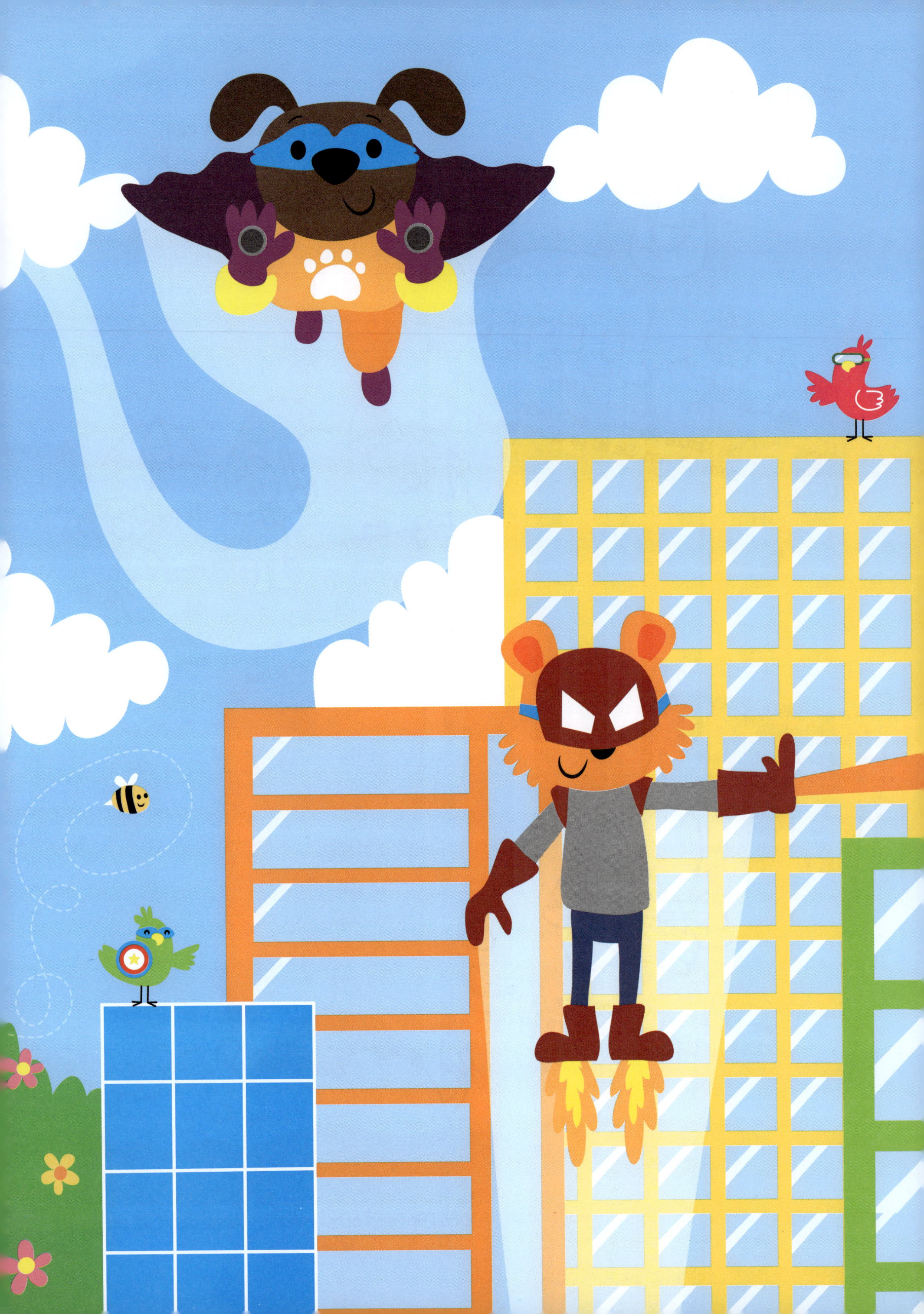

Gib diesen Superhelden lustige Namen.

Welcher Superheld wärst du gerne?

Verbinde jedes Monster mit der passenden Form.

Finde heraus, was in diesem Bild falsch ist, streiche es durch und male das Bild aus.

Zeichne einen Kreis um das, was du bei jedem Paar am liebsten magst.

Verbinde jeden Turm unten mit der passenden Gruppe von Bausteinen oben.

Führe die Monster nach Hause, indem du der Form jedes Hauses durch das Labyrinth folgst.

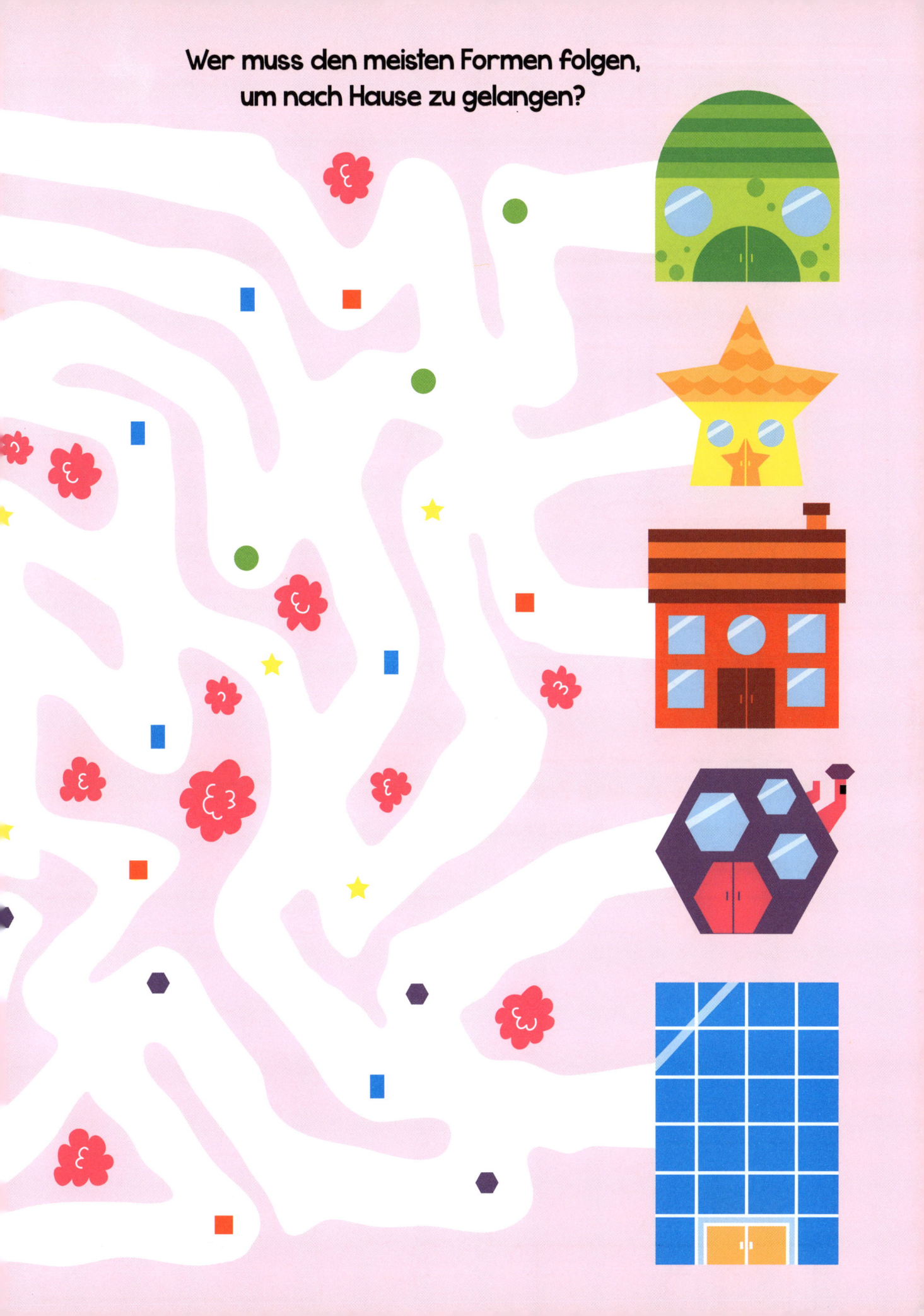

Wer muss den meisten Formen folgen, um nach Hause zu gelangen?

Hauptstraße

Stopp

1
2
3

TAXI

8/3

5

Male alles, was eine Zahl hat, rot und alles, was einen Buchstaben hat, blau aus.

PARK

a
b c

Tausendfüßler Tom hat seine Farben verloren. Male das Muster in denselben Formen und Farben weiter.

Male aus, was Prinzessin Anna anziehen soll.

Verbinde die Punkte von 1 bis 15 und male das Bild mit schönen Farben fertig.

Finde heraus, was auf diesem Bild nicht stimmt und streiche es durch.

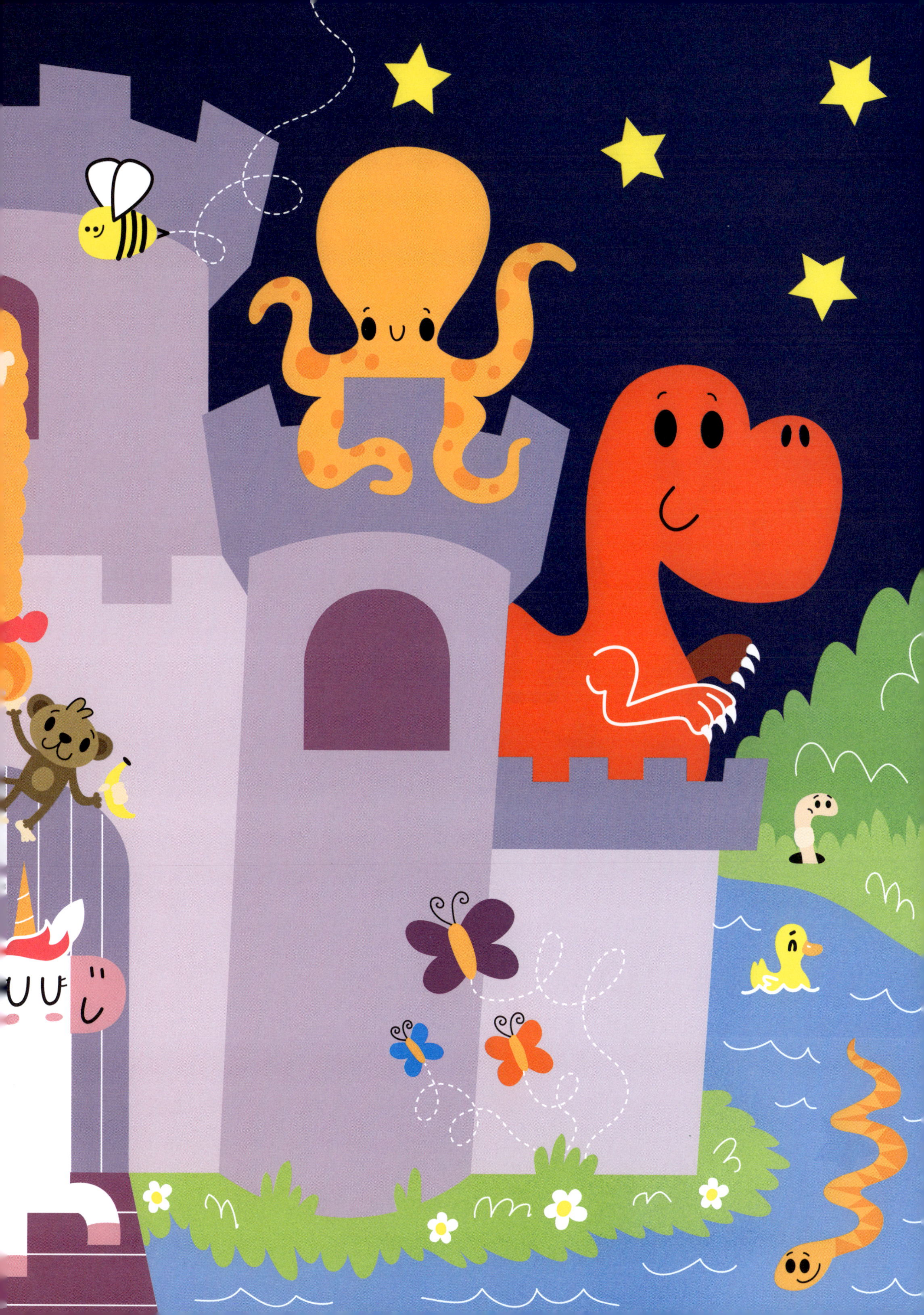

Lass dir etwas Lustiges einfallen, mit dem die Tiere sich in der Kälte aufwärmen können.

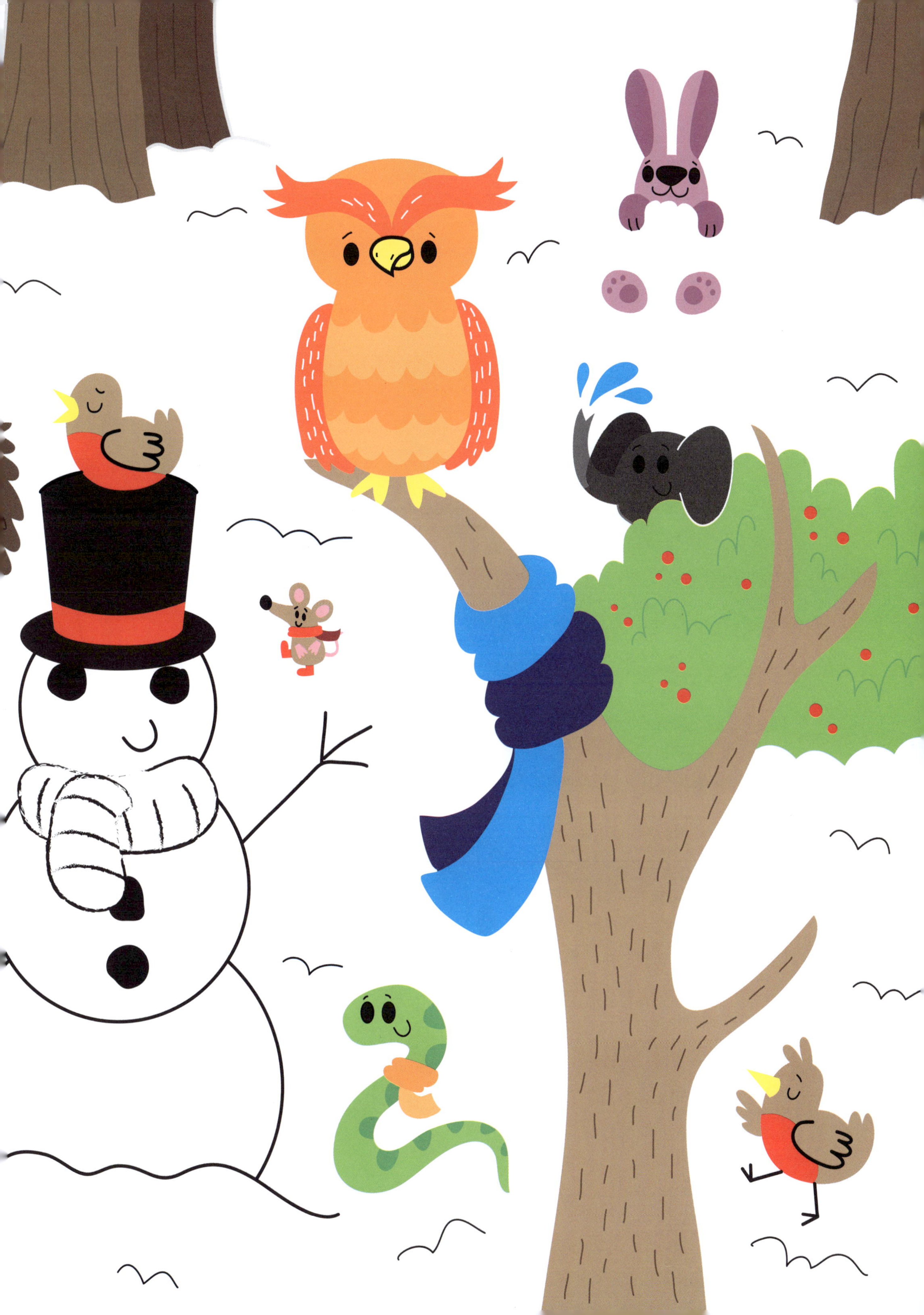

Wer hat dieses Foto gemacht? Kreise den richtigen Fotografen ein.

Male die Formen nach der Anleitung unten rechts an.

Blau: Kreise
Rot: Dreiecke
Braun: Ovale
Gelb: Sterne
Grün: Quadrate
Orange: Sechsecke
Lila: Rechtecke

Finde heraus, was auf dem Bild falsch ist, und streiche es durch.

Bringe die Bilder in die richtige Reihenfolge:
Was zuerst passiert, bekommt die Nummer 1,
was zuletzt passiert die Nummer 6.

Zeichne den Personen die passenden Gesichter.

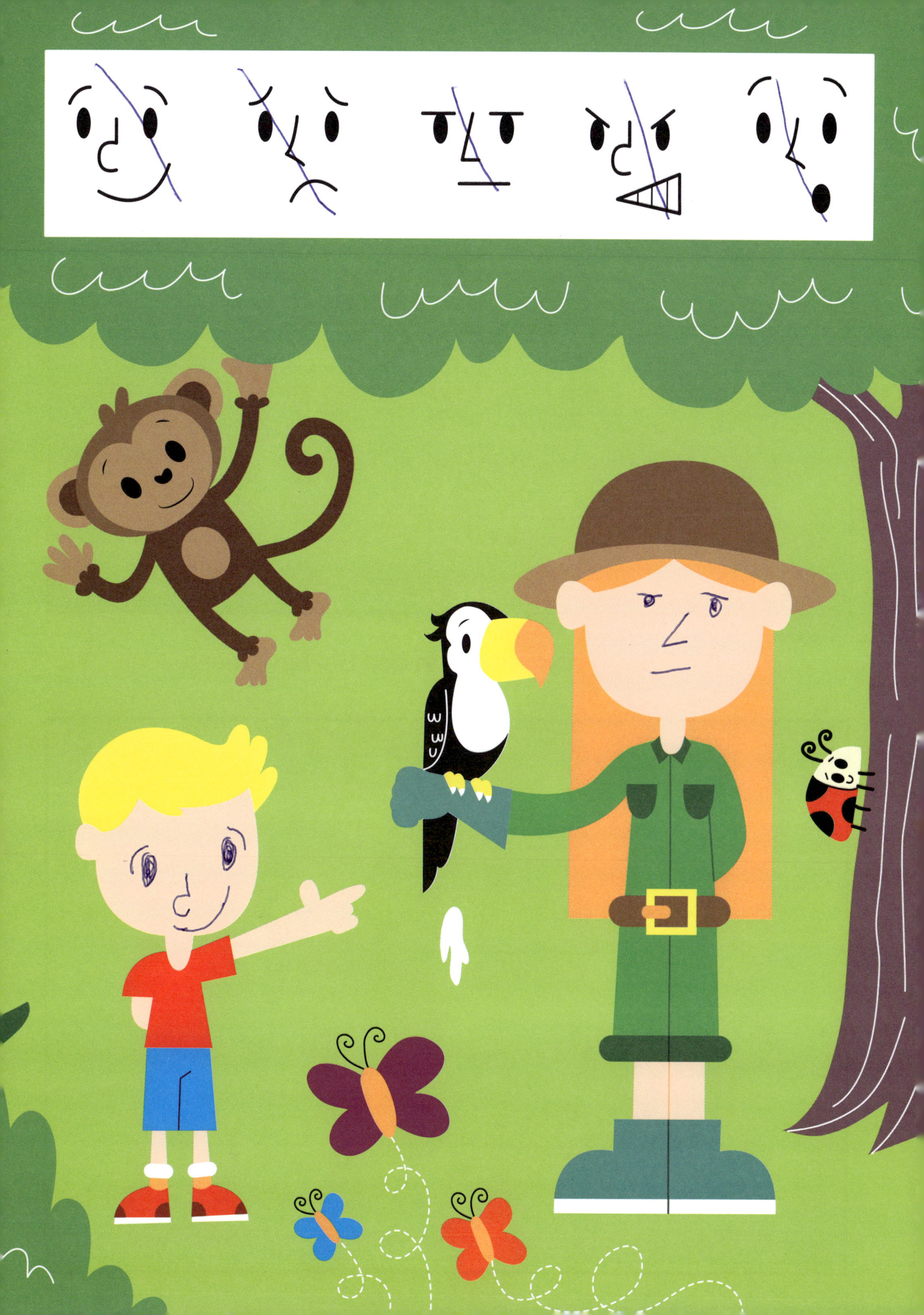

Finde fünf Unterschiede in den beiden Bildern.

Tuut, tuut! Der Zug kommt! Ziehe die gestrichelten Formen nach, um den Zug fertig zu malen.

Bringe jeder Blume eine Fee.
Wie viele Blumen haben keine Fee?

Wie viele Bienen gibt es noch, wenn du drei davon durchgestrichen hast?

6

8

5

Male den Blüten so viele Blütenblätter, wie auf der Zahl in der Mitte steht.

Wie fühlst du dich heute? Male ein passendes Gesicht oder mehrere aus.